AF283525

BE**LINDA**

APULEYO EDICIONES   FOMENTO DE VALORES   CUENTOS ILUSTRADOS

Ilustraciones de Juan Crossa

BELINDA

Un cuento de Ana Cabeza Leiva

Para Luis y Antonio, Mi equipo.

BELINDA es una hormiga muy ágil y trabajadora que cada día sale de su hormiguero temprano a buscar comida. No importa si los rayos abrasadores del sol caen sobre ella o si la fría nieve de invierno cubre totalmente la tierra…

Belinda se esfuerza mucho y siempre recolecta flores, hojas y semillas para transportarlas hasta su hormiguero.

Cuida, además, de sus compañeras y de la hormiga reina.

Todos la llaman Belinda la Linda, porque es muy hermosa y es la única hormiga rosa que se conoce en el mundo.

Todas sus compañeras le dicen: "Belinda, la hermosa; Belinda la rosa".

Un día, Belinda se olvidó de poner el despertador y se durmió hasta tarde. Salió de su hormiguero muy preocupada en busca de comida.

Belinda no encontró nada...

Buscó por todas partes, pero todos sus esfuerzos resultaron inútiles...

Pensó que jamás encontraría comida y que esa hormiga fuerte y trabajadora que solía ser se había convertido en una hormiga perezosa y despistada.

Y de pronto, una emoción invadió el cuerpo de Belinda: era la **FRUSTRACIÓN**.

En ese instante, un poquito de color rosa comenzó a desaparecer del cuerpo de Belinda.

Empezó a anochecer y, de vuelta al hormiguero, se encontró con el Oso Perezoso, que estaba descansando tumbado en la hierba.

—Hola, Belinda, pareces preocupada, ¿qué te ocurre?

—Oso Perezoso, ¿qué voy a llevar hoy al hormiguero? ¡Mis compañeras se morirán de hambre! Si hubiera madrugado como cada día, esto no hubiera pasado. ¡No tenía que haberme quedado dormida hasta tan tarde...!

Y de pronto, una emoción invadió el cuerpo de Belinda: era la **CULPA**.

En ese instante, un poquito de color rosa comenzó a desaparecer del cuerpo de Belinda.

—Siéntate conmigo en la fresca hierba a descansar y olvídate de tus compañeras y de la comida —le dijo el Oso Perezoso.

Belinda sintió mucha antipatía por aquel animal y por sus palabras, y se puso furiosa.

Y de pronto, una emoción invadió el cuerpo de Belinda: era la **IRA**.

En ese instante, un poquito de color rosa comenzó a desaparecer del cuerpo de Belinda.

La hormiga se fue de allí muy rápido y tomó otro camino que no conocía, buscando encontrar más suerte que antes y hallar algo de comida para llevar al hormiguero...

De pronto comenzó a anochecer. Belinda no sabía dónde estaba, no encontraba el camino de vuelta a casa. Sus pequeñas antenas se pusieron alerta, su cuerpo se paralizó y no podía pensar.

Y de pronto, una emoción invadió el cuerpo de Belinda: era el **MIEDO**.

En ese instante, un poquito de color rosa comenzó a desaparecer del cuerpo de Belinda.

Viéndose perdida, se acurrucó al lado de un manzano cerca de un estanque y se quedó dormida.

En mitad de la noche, un suave cosquilleo despertó a Belinda, era una mariquita que le estaba haciendo cosquillas en sus antenas.

—Buenas noches, me llamo Clementina. ¿Qué haces aquí tan sola a estas horas?

—Yo soy Belinda. Me he perdido buscando comida para llevar hasta el hormiguero, pero no he encontrado nada...

—Sé cómo arreglar eso.

Entonces, Clementina abrió sus alas y voló hasta la copa del árbol en el que se había apoyado Belinda y comenzó a mordisquear una de las jugosas manzanas.

—¡Qué suerte tiene esta mariquita…, con esas alas puede llegar muy rápido a cualquier lugar…, yo en cambio tengo que ir por tierra muy despacito!

Y de pronto, una emoción invadió el cuerpo de Belinda: era la **ENVIDIA**.

En ese instante, un poquito de color rosa comenzó a desaparecer del cuerpo de Belinda.

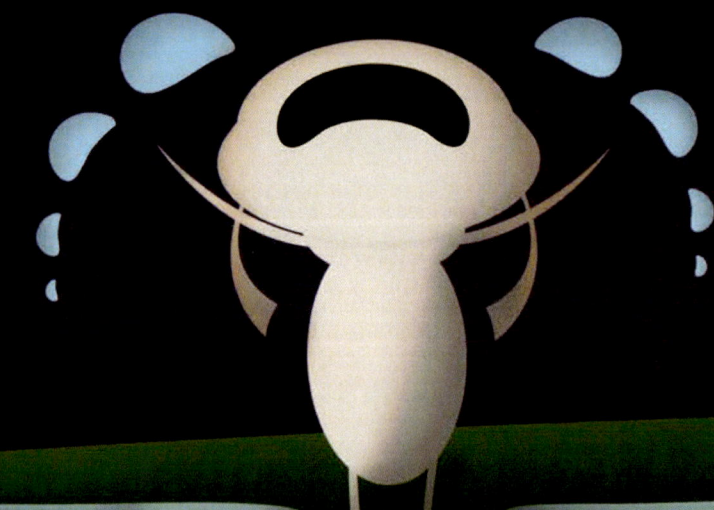

De pronto, Belinda se vio reflejada en el agua del estanque
y soltó un fuerte grito al verse sin color...

—¿A qué viene tanto grito? —le dijo Clementina, dándole un buen trozo de una de aquellas jugosas manzanas.

—Esto... ¿es para mí? —preguntó Belinda, sorprendida.

—¡Para quién si no! Ya te dije que sabía cómo arreglarlo. Los amigos están para ayudarse. ¿O no?

Belinda sintió un fuerte afecto por aquel animal tan dulce. Parecía indefensa, tan pequeñita, y a la vez muy valiente por haber volado alto para ayudarla.

Y de pronto, una emoción invadió el cuerpo de Belinda: era la **TERNURA**.

En ese instante, un poquito de color rosa empezó a aparecer en el cuerpo de Belinda.

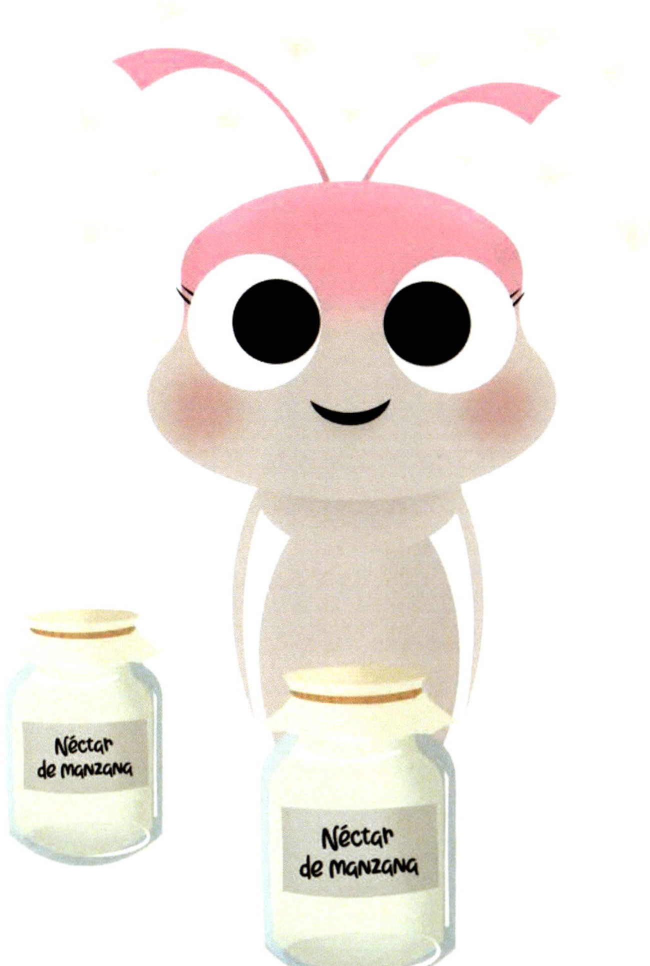
Néctar de manzana
Néctar de manzana

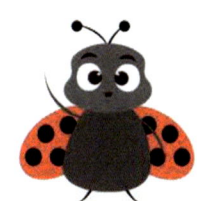

Comenzó a amanecer. Belinda se despidió de Clementina, muy agradecida y decidida a retomar de nuevo la vuelta a casa, ahora que la luz del sol podía guiar su camino.

Emprendió la marcha y, a lo lejos, vio un animal que le resultó familiar enseguida. ¡Era el Oso Perezoso, que seguía tumbado en la hierba!

¡Eso significaba que el hormiguero estaba cerca y que ya no estaba perdida!

Se sintió aliviada, tranquila y en paz.

Y de pronto, una emoción invadió el cuerpo de Belinda: era la **SERENIDAD**.

En ese instante, un poquito de color rosa comenzó a aparecer en el cuerpo de Belinda.

Belinda se sentía un poco cansada. la mariquita Clementina había compartido con ella un montón de néctar de manzana, pero el peso estaba destrozando su espalda.

De repente escuchó un zumbido a su lado y contempló a una preciosa abeja negra y amarilla sobre una flor.

—Hola, hormiga. Me llamo Zum. Te noto cansada, pero si quieres ¡puedo ayudarte! Estoy muy acostumbrada a transportar comida desde las flores hasta la colmena.

—¿De verdad? ¡Sí!, por favor. Perdona, que no me he presentado. Soy Belinda.

La abeja Zum cogió la mitad del néctar de manzana que llevaba Belinda y, volando a su lado, la acompañó por el sendero que las llevaría hasta el hormiguero.

De repente, una emoción invadió el cuerpo de Belinda: era la **GRATITUD**.

En ese instante, otro poquito de color rosa comenzó a aparecer en el cuerpo de Belinda.

Después de una larga pero entretenida caminata, Belinda y Zum divisaron el hormiguero.

—¡Hemos llegado! —exclamó Belinda, regalándole una gran sonrisa a su amiga la abeja.

Néctar de manzana

Todas sus compañeras salieron a recibirla y la ayudaron a meter la comida en el hormiguero.

Belinda, rodeada de todas sus amigas, les contó las aventuras que había vivido y los animales que la habían ayudado en el camino. Sin ellos, no hubiera podido conseguirlo.

Néctar de manzana

Una última emoción invadió su cuerpo: era la FELICIDAD.

Y de pronto, Belinda recuperó por completo su precioso color rosa.
Se sentía en casa. Se sentía feliz.

© Ana Cabeza Leiva (de la obra)
©Apuleyo Ediciones (de esta edición)
Primera edición en Apuleyo Ediciones: agosto 2024
Diseño de cubierta: Sofía Corzo González
Corrección: Aitor Andreu Guerrero
Maquetación: Ernesto Pérez Martínez
Ilustraciones: Juan Crossa
Coordinación editorial: Isidoro Cidre González
info@apuleyoediciones.com
www.apuleyoediciones.com
ISBN: 978-84-1060-218-2
Depósito legal: H 203-2024

Hecho e impreso en España.

ENGLISH VERSION

Ana Cabeza Leiva

APULEYO EDICIONES   FOMENTO DE VALORES   CUENTOS ILUSTRADOS